Ex dono Illustr. Viri D.
D. de Bayeul in supr. Senatu
Præsidis infulati hic degentis.
1677

LA
MAGNIFIQVE, ET SVM-
PTVEVSE POMPE FVNEBRE FAITE AVS OBSEQVES,
ET FVNERAILLES DV TRESGRAND, ET TRESVICTO-
RIEVS EMPEREVR CHARLES CINQVIE'ME, CE-
LEBRE'ES EN LA VILE DE BRVXELLES LE
XXIX. IOVR DV MOIS DE DECEMBRE
M. D. LVIII. PAR PHILIPPES ROY
CATHOLIQVE D'ESPAI-
GNE SON
FILS.

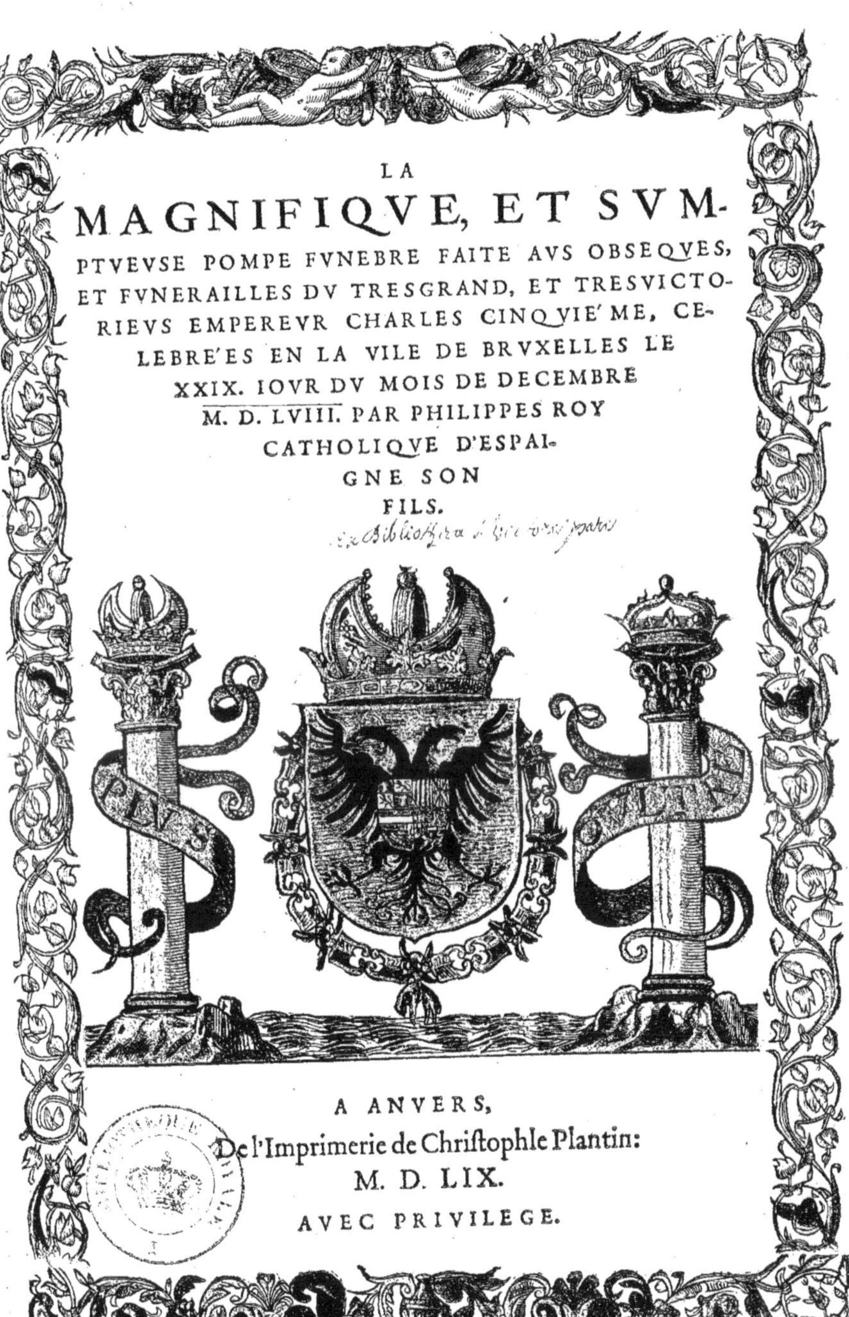
PLVS

A ANVERS,
De l'Imprimerie de Christophle Plantin:
M. D. LIX.
AVEC PRIVILEGE.

La Chappelle ardante represen
tée en la Figure suiuáte estoit ad-
mirable. Car le plant d'icelle con-
tenoit vingt piés en longueur, &
seize en largeur, estant construit-
te sus quatre gros piliers quarrés
de vingt piés de hauteur, & éle-
uée en forme pyramidale de tel
artifice, & grandeur, qu'elle por-
toit enuiron trois mil cierges ar-
dans chacun du pois d'vne liure.

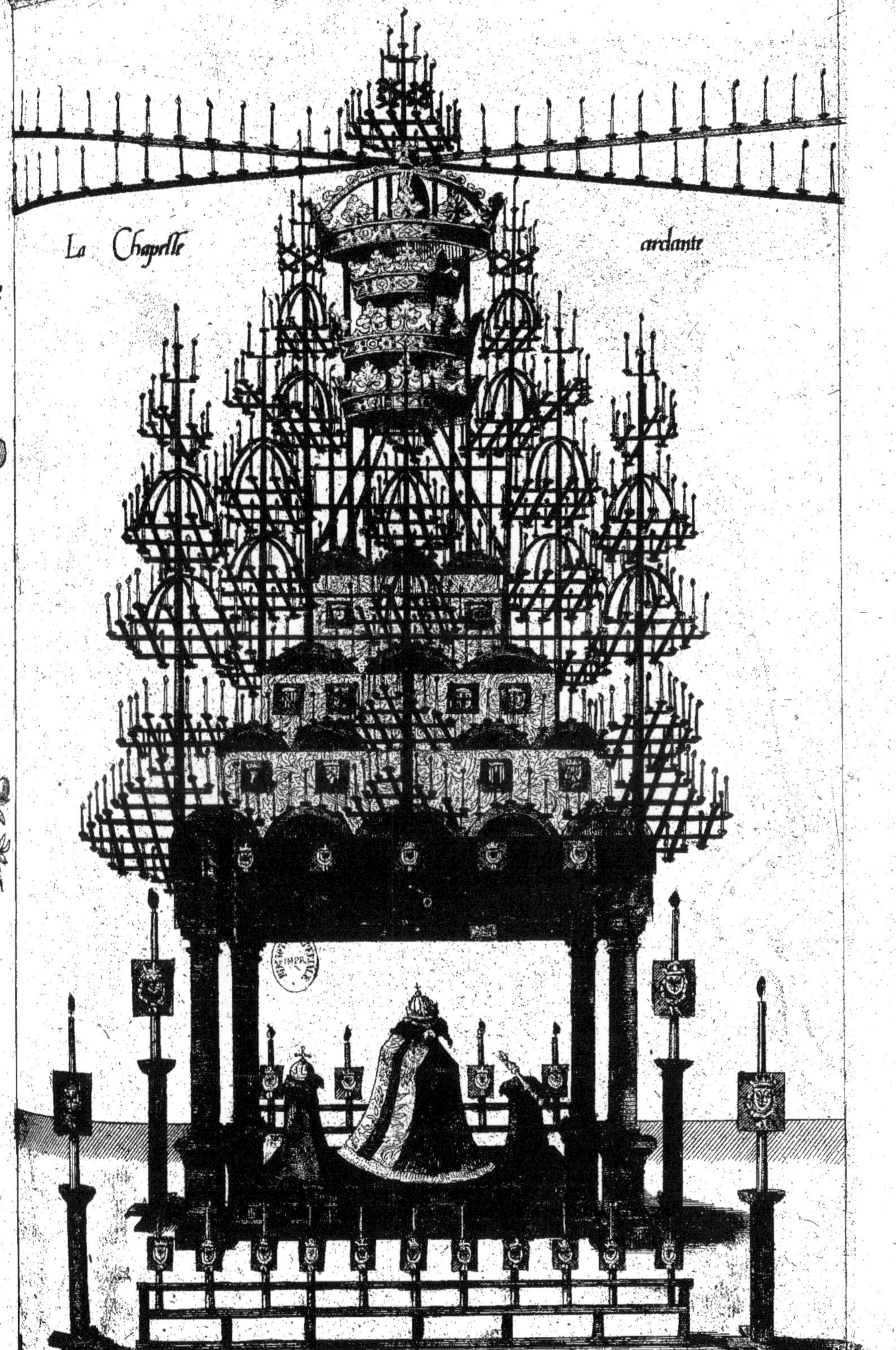
La Chapelle   ardante

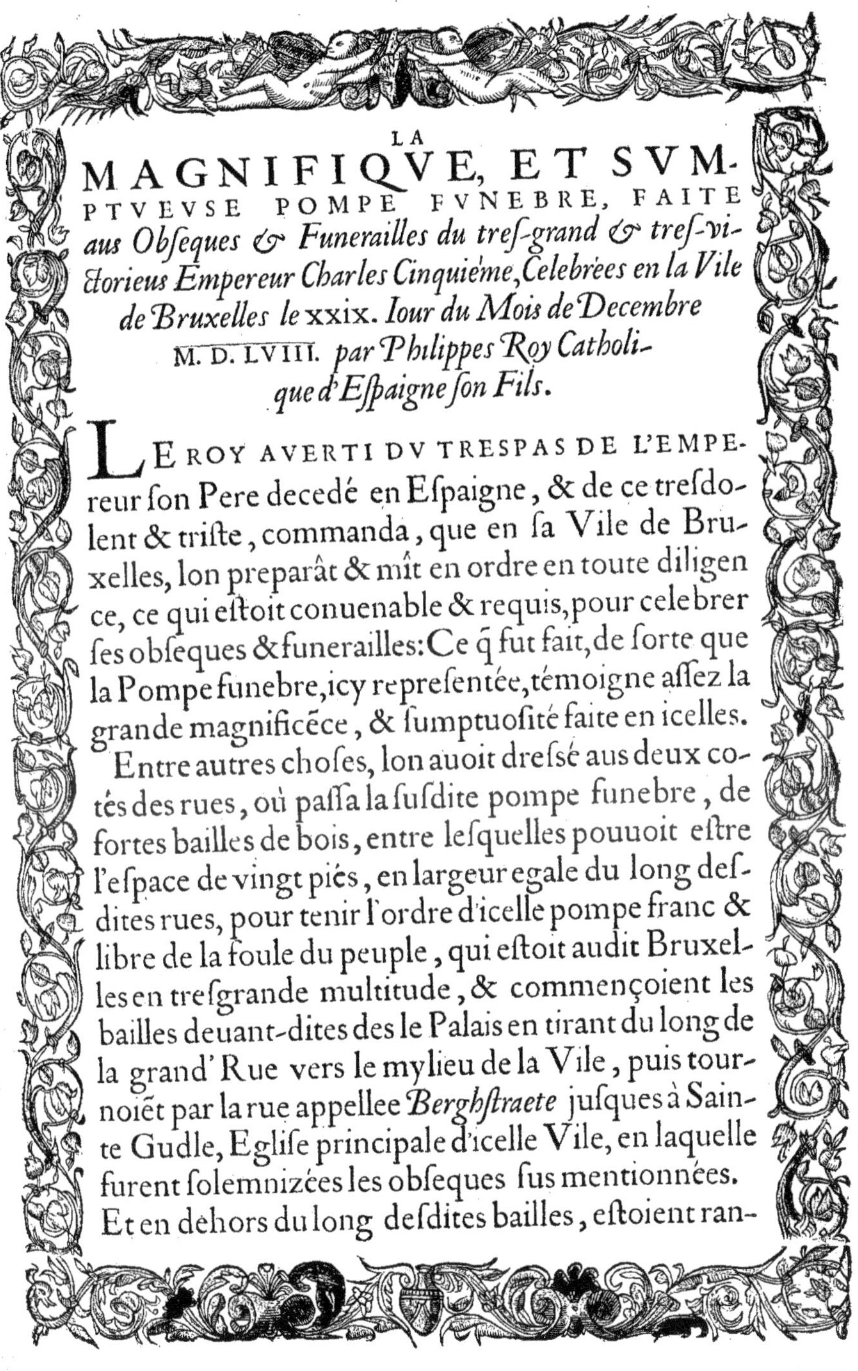

LA

MAGNIFIQVE, ET SVM-

PTVEVSE POMPE FVNEBRE, FAITE

aus Obseques & Funerailles du tres-grand & tres-vi-
ctorieus Empereur Charles Cinquiéme, Celebrées en la Vile
de Bruxelles le xxix. Iour du Mois de Decembre
M. D. LVIII. par Philippes Roy Catholi-
que d'Espaigne son Fils.

LE ROY AVERTI DV TRESPAS DE L'EMPE-
reur son Pere decedé en Espaigne, & de ce tresdo-
lent & triste, commanda, que en sa Vile de Bruxelles, lon preparât & mît en ordre en toute diligen
ce, ce qui estoit conuenable & requis, pour celebrer
ses obseques & funerailles: Ce q̃ fut fait, de sorte que
la Pompe funebre, icy representée, témoigne assez la
grande magnificéce, & sumptuosité faite en icelles.

Entre autres choses, lon auoit dressé aus deux co-
tés des rues, où passa la susdite pompe funebre, de
fortes bailles de bois, entre lesquelles pouuoit estre
l'espace de vingt piés, en largeur egale du long desdites rues, pour tenir l'ordre d'icelle pompe franc &
libre de la foule du peuple, qui estoit audit Bruxelles en tresgrande multitude, & commençoient les
bailles deuant-dites des le Palais en tirant du long de
la grand'Rue vers le mylieu de la Vile, puis tour-
noiët par la rue appellee *Berghstraete* jusques à Sain-
te Gudle, Eglise principale d'icelle Vile, en laquelle
furent solemnizées les obseques sus mentionnées.
Et en dehors du long desdites bailles, estoient ran-

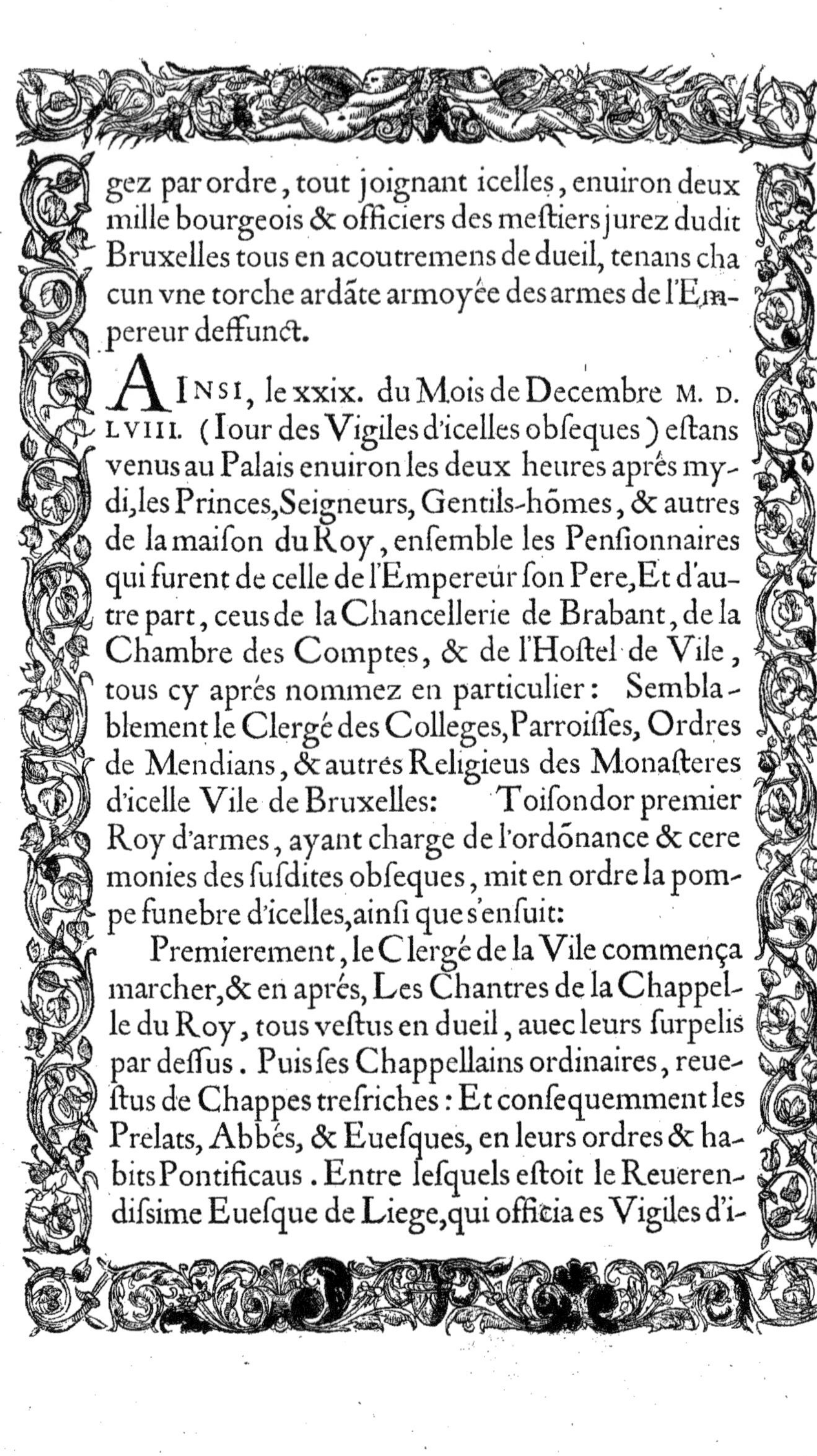

gez par ordre, tout joignant icelles, enuiron deux
mille bourgeois & officiers des meſtiers jurez dudit
Bruxelles tous en acoutremens de dueil, tenans cha
cun vne torche ardáte armoyée des armes de l'Empereur deffunct.

AINSI, le xxix. du Mois de Decembre M. D.
LVIII. (Iour des Vigiles d'icelles obſeques) eſtans
venus au Palais enuiron les deux heures aprés my-
di, les Princes, Seigneurs, Gentils-hómes, & autres
de la maiſon du Roy, enſemble les Penſionnaires
qui furent de celle de l'Empereùr ſon Pere, Et d'autre part, ceus de la Chancellerie de Brabant, de la
Chambre des Comptes, & de l'Hoſtel de Vile,
tous cy aprés nommez en particulier : Sembla-
blement le Clergé des Colleges, Parroiſſes, Ordres
de Mendians, & autrés Religieus des Monaſteres
d'icelle Vile de Bruxelles :   Toiſondor premier
Roy d'armes, ayant charge de l'ordónance & cere
monies des ſuſdites obſeques, mit en ordre la pompe funebre d'icelles, ainſi que s'enſuit :

Premierement, le Clergé de la Vile commença
marcher, & en aprés, Les Chantres de la Chappelle du Roy, tous veſtus en dueil, auec leurs ſurpelis
par deſſus. Puis ſes Chappellains ordinaires, reue-
ſtus de Chappes treſriches : Et conſequemment les
Prelats, Abbés, & Eueſques, en leurs ordres & ha-
bits Pontificaus. Entre leſquels eſtoit le Reueren-
diſsime Eueſque de Liege, qui officia es Vigiles d'i-

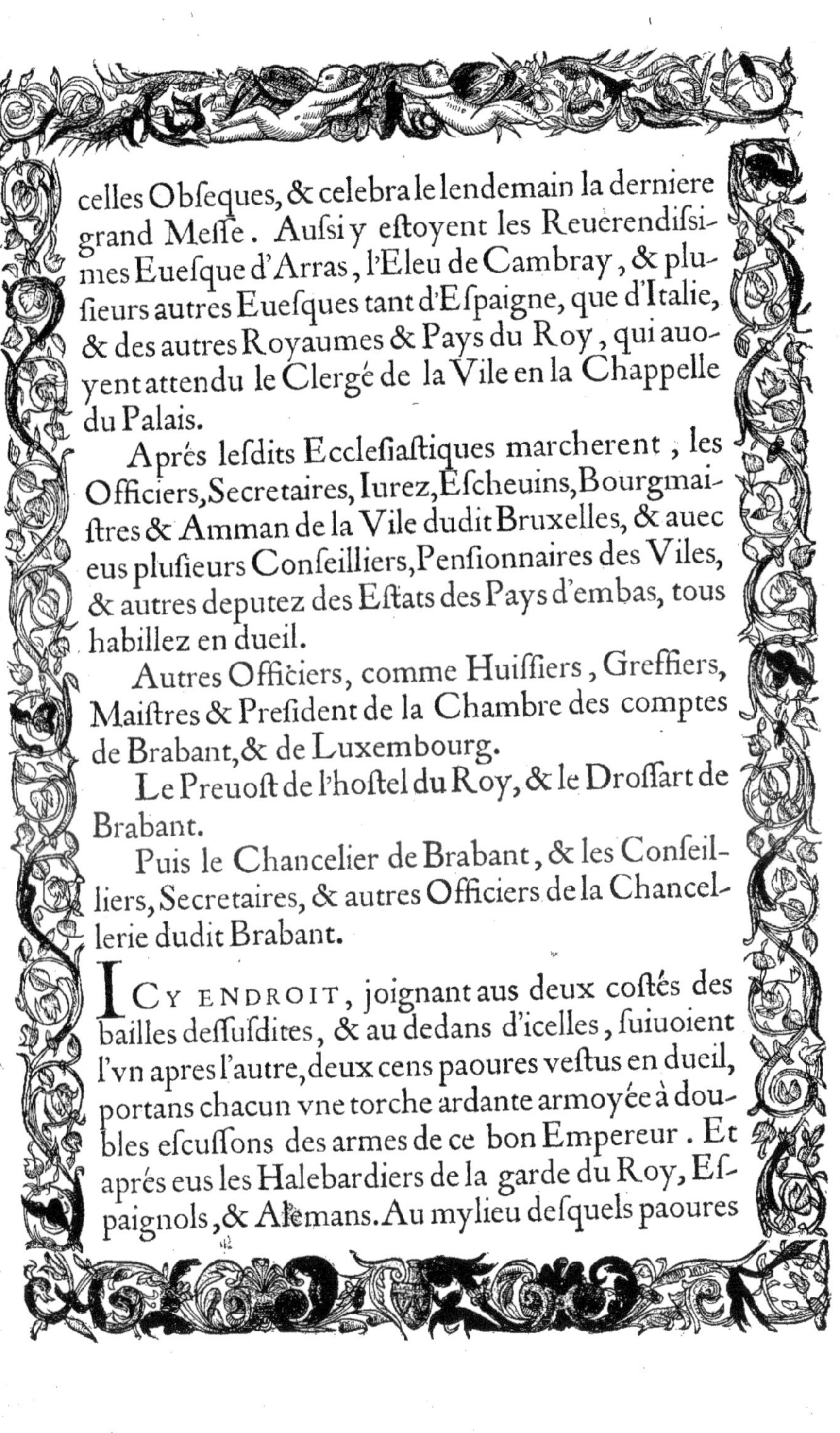

celles Obſeques, & celebra le lendemain la derniere grand Meſſe. Auſsi y eſtoyent les Reuerendiſsimes Eueſque d'Arras, l'Eleu de Cambray, & pluſieurs autres Eueſques tant d'Eſpaigne, que d'Italie, & des autres Royaumes & Pays du Roy, qui auoyent attendu le Clergé de la Vile en la Chappelle du Palais.

Aprés leſdits Eccleſiaſtiques marcherent, les Officiers, Secretaires, Iurez, Eſcheuins, Bourgmaiſtres & Amman de la Vile dudit Bruxelles, & auec eus pluſieurs Conſeilliers, Penſionnaires des Viles, & autres deputez des Eſtats des Pays d'embas, tous habillez en dueil.

Autres Officiers, comme Huiſſiers, Greffiers, Maiſtres & Preſident de la Chambre des comptes de Brabant, & de Luxembourg.

Le Preuoſt de l'hoſtel du Roy, & le Droſſart de Brabant.

Puis le Chancelier de Brabant, & les Conſeilliers, Secretaires, & autres Officiers de la Chancellerie dudit Brabant.

ICY ENDROIT, joignant aus deux coſtés des bailles deſſuſdites, & au dedans d'icelles, ſuiuoient l'vn apres l'autre, deux cens paoures veſtus en dueil, portans chacun vne torche ardante armoyée à doubles eſcuſſons des armes de ce bon Empereur. Et aprés eus les Halebardiers de la garde du Roy, Eſpaignols, & Alemans. Au mylieu deſquels paoures

& Halebardiers, marcherent deux à deux, ceus de
la maison Royale, ensemble les Seruiteurs & Gentils-hommes pensionnaires de celle de l'Empereur
son Pere, chacun en son rang, & selon sa qualité:
Puis les pieces d'honneur, & ceremonies de la pompe, en l'ordre qui ensuit.

 Les premiers, estoyent les Cheuaucheurs d'Es-
cuyrie du Roy, & les autres Officiers d'icelle, comme Fourriers, & leurs Aydes.

 Puis les Aydes d'offices de la maison.

 Les Portiers & Huissiers.

 Les Alguazilles, & Greffiers (appellez Escriua-
nos) de l'Alcalde de Court.

 Les Fourriers de la maison, & celluy de l'hostel.

 Les Chefs d'Offices de la maison.

 Les Medecins, Chyrurgiens, & Apoticaires de
la maison.

 Autres Medecins de la personne du Roy, & les
Aydes de sa Chambre, ensemble les Garderobe, &
Gardejoyaus.

 Les Pages du Roy, côduits par leur gouuerneur.

 Les Valets seruãs, & Gentilshômes Coustilliers.

 Autres Gentilshommes appellez Contins.

 Les Gentils-hommes de la maison.

 Et en aprés, les Gentils-hommes de la bouche:
Tous en grand nombre.

  Les Figures ensuiuent.

AMPLISSIMO HOC APPARATV ET PVLCHRO ORDINE
POMPA FVNEBRIS BRVXELLIS A PALATIO AD DIVÆ
GVDVLÆ TEMPLM PROCESSIT CVM REX HISPANIARVM
PHILIPPVS CAROLO.V. ROM.IMP. PARETI MŒSTISSIMVS
IVSTA SOLVERET

La cornate des coulrins de sa Ma.té Imp.le
Le guydon
Don Pablo dela Cerda
Le S.r Iaques de Castre
Le S.r Prosper de Culin
Don Iu.o de Castilla

SPES
Zellande
Zutphen
Salus
Vrisbourg
La feconde Cœur de bourgne
FIDES
Nature
Luxembourg
Artois
CHARITAS
Reffellon
Charrolois
Friez

In velo posteriori hæc inscripta erant,
Literis maiusculis.

IMP. CÆS. CAROLO MAX. P. F.
AVG. GAL. IND. TVRC. APH. SAX.
Victori, Triumphatorique multarum Gentium, tametsi res ab
eo terra marique gestæ, singularis humanitas, incomparabilis
ardentiss.q; Religio, satis terrarum Orbi conspicuæ sunt, Res-
pub. tamen Christiana ob memoriam Iustitiæ, Pietatis, Vir-
tutisque eius, VICTORIAM NAVEM, quæ mundum cir-
cumiit, quem suis ipse Victoriis illustravit,
P.   D.   S.   B.   P.

Præterea, quòd nouum Orbi nostro Orbem patefecerit,
exteris gentibus Christiano nomini additis, multisque Regnis,
Prouinciisque aucto Hispaniarum Imperio.

Quòd Solymannum Turcarum Imperatorem cum CCC.
Equit. M.C.M. Peditum, Germaniæ impendentem, ru-
ptis in fuga pontibus, amissisque XV. M. Eq. in suos fines
compulerit, Germania seruata.

Quòd classe Peloponesum inuadens, Ciuitates Turcarum
e Metonen & Coronen vi ceperit.

Quòd Barbarossam Tyrannum cum CC. M. Peditum
XVI. M. Eq. prælio ad Carthaginem superatum, e Arce
Goleta LX. triremibus, multis piraticis nauibus, omni nau-
tico bellicoque apparatu, ipsa Tuneto, Hippone nouo, Hippone Regia Ciuitatibus captis, Regno Tunetano, Imperioque Libyæ spo-
liauerit, restituto, vectigalique facto veteri, legitimoque Rege.

Quòd xix. Christianorum M. eo bello liberata, in patriam re-
duxerit.

Quòd Regnum Tremessem deuicta prælio Mauritania, Regi restituerit.

Quòd e Aphrodisium Libyæ nobilissimum . . vrori ., Sussam,
Monasterium, & Clupeam classe ceperit, maritimasque Libyæ Ciuitates, Principesque vectigales fecerit.

Quòd duas Turc. classes nostrum mare infestantes, duobus præliis, altero ad Littus Mauritaniæ, altero ad Siculum, deleuerit.

Quòd assiduis piratarum rapinis mare infestatum, nauigantibus
securum reddiderit.

Quòd pristinam Reip. Genuensium libertatem restituerit.

Quòd Ducatum Mediolanensem sex exercitibus hostium repul-
sis, tribusque magnis præliis deuictis, Imperio Ro.bis, Duci semel restituerit.

Quòd incredibili celeritate Ducatum Geldrensem armis suæ Di-
tioni restituerit.

Quòd præclaro Rei militaris peritiæ exemplo, primùm cunctan-
do, mox longis difficilibusque itineribus celerrimè confectis,
Albique transmisso, tumultuantis Germaniæ motus, pacata
insuper Bohemia, victor sedauerit.

Quòd contra Christiani nominis hostes sponte, in Christi-
anos non nisi lacessitus, & iniuriam propulsans, arma sum-
pserit.

Fortiss., Catholico, Opt.q; Principi, titulos trophæaque,
additis cumulo Regnorum signis, deuictarumque Gentium
imaginibus, eadem Christiana Resp. Maiestati eius deuotis-
sima   D D.

Singulis Victoriarum picturis ascripta erant;

1   Fide Indis inuecta.
2   Orbe nouo inuento.
3   Solymanno profligato.
4   e Metone, Coroneque vi captis.
5   Tuneto capto, & restituto, captiuisque reductis.
6   Tremesseno restituto.
7   e Aphrodisio deleto.
8   Mari pacato.
9   e Asserta in libertatem Genua.
10   e Mediolano vindicato.
11   Geldria recepta.
12   Germania, Bohemiaque sedatis.

In editiore loco nauis fuêre scripti hi Versus:

NON auri sitis, aut famæ ambitiosa cupido,
Non sceptri persuasu amor, tot adire labores:
Humani sed te generis pia cura coëgit,
Nauibus ignotas inuestigare per oras,
Queis sacra inferres, populos, Christoque dicares,
Membra salutiferæ lustrans aspergine lymphæ.
Successus neque te, Cæsar, spes certa petiti
Destituit, donec de littore soluit Ibero,
Neptuno sternente viam, & Tritonibus vdis.
Auspiciis veneranda tuis, transque æquora vecta
Relligio, tandem auriferis allabitur Indis,
Luce noua irradians mersas caligine mentes.

Herculeis Columnis hoc Distichon
appensum erat:

Iure tibi Herculeas sumpsisti signa Columnas,
Monstrorum domitor temporis ipse tui.

ANTVERPIÆ,
Excudebat Christophorus Plantinus.

Le grand es tandart des rouleurs
Le Sr. Antonio de berfele,
Franco marlez
de malla
Le Sr. Stphano Doria

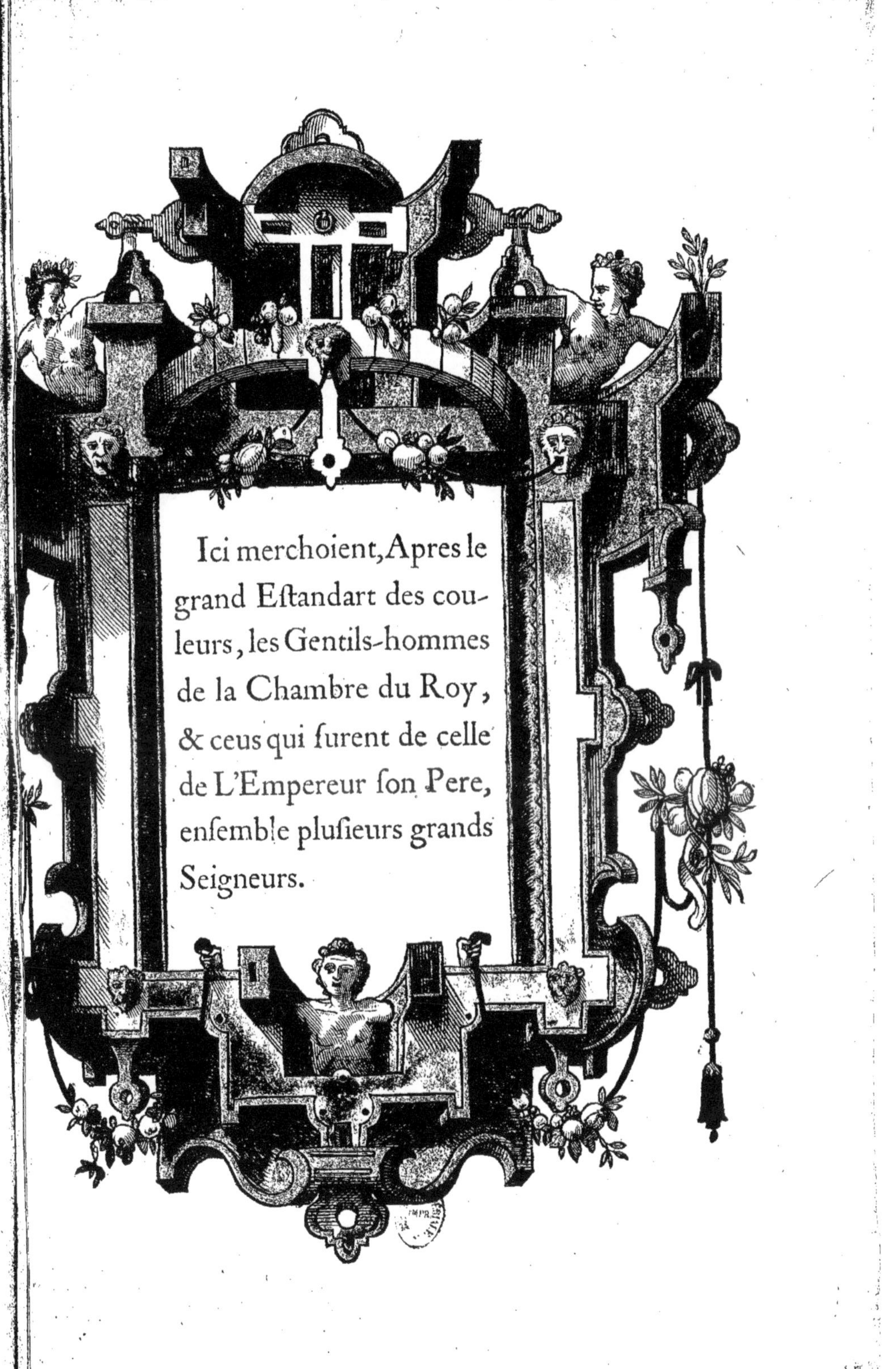

Ici merchoient, Apres le
grand Eſtandart des cou-
leurs, les Gentils-hommes
de la Chambre du Roy,
& ceus qui furent de celle
de L'Empereur ſon Pere,
enſemble pluſieurs grands
Seigneurs.